Karin Jörges

Komm mit Nico nach Holland

oder fahre in die Niederlande

….und entdecke Land und Leute

Der etwas andere Reiseführer für Kinder

Bibliografische Information der Deutschen Nationalbibliothek:
Die Deutsche Nationalbibliothek verzeichnet diese Publikation in der Deutschen Nationalbibliografie, detaillierte bibliografische Daten sind im Internet über
http://dnb.d-nb.de abrufbar.

©2017 Karin Jörges

Herstellung und Verlag:
Books on Demand GmbH, Norderstedt
ISBN: **9 783743 174061**

INHALT

Seite 5-8 über das Land-Erdkunde

Seite 9-14 Städte-Schiffe-König

Seite 16 berühmte Holländer

Seite 17-19 Sturmflutwehr-Neeltje-Jans

Seite 22-25 Strand und Tiere, Ebbe und Flut

Seite 28-30 Mühlen-Seehund

Seite 32-37 Pommes-Pfannkuchen-Käse

Seite 39-41 Deltapark-Waterland

Seite 42-44 Leuchttürme

Seite 45-47 Brücken-Schiffe-Boote

Seite 50 Fußball

Seite 51-54 Grenze-Papa-Stau-Schwester

Seite 56-58 Wattenmeer-Seen

Seite 60-61 Flüsse-Schiffe-Berge

Seite 62-63 Der Holländer

Seite 65-67 Strand-Bollerwagen-Bungalowpark

Seite 68-69 Inseln und Windkraft

Komm mit mir nach Holland

Dag allemal oder Goedendag,

Das ist holländisch und heißt beides so viel wie: „Guten Tag"

**Cool, dieses Jahr fahren wir in den Sommerferien nach Holland.
Ich heiße Nico und bin 7 Jahre jung und fahre mit meinen Eltern in den Sommerferien ans Meer.
Und zwar in das „ Königreich der Niederlande", denn das ist der offizielle Name für Holland.
Ich weiß schon sehr viel über das Land, in dem wir 3 Wochen Urlaub verbringen werden.
Denn mein Papa hat mir schon viel darüber erzählt.
Also zuerst einmal ein bisschen was zu dem Land:
Das ist ja fast wie Erdkunde, dabei bin ich doch froh, keine Schule zu haben.
Aber meine Eltern meinen, es könnte ja nicht schaden, ein wenig über Land und Leute zu erfahren.
Und was sagt dir das? Ja Eltern haben oft recht.**

Also gut dann mal los:
Was ganz wichtiges, Holland heißt auch Niederlande.
Und warum denn das?
Weil die Hälfte des Landes unter dem Meeresspiegel liegt.
Weißt du denn was ein Meeresspiegel überhaupt ist?
Ich weiß ja was ein Meer und ein Spiegel ist, aber beides zusammen kann ich mir gerade nicht vorstellen.
Ist ja auch piep egal, das kann dir und mir der Papa mal im Urlaub in aller Ruhe genauer erklären.
Falls er es überhaupt weiß und es mich dann noch interessiert.
 Und weil das so ist, sagt man auch zu Holland: „ Norddeutsches Tiefland".

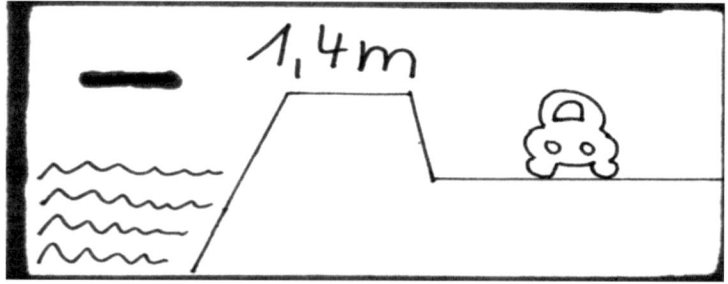

Noch ein Name, die wissen wohl auch nicht, wie sie heißen wollen. Jetzt haben wir schon 3 Namen für ein Land. Für mich heißt es Holland.

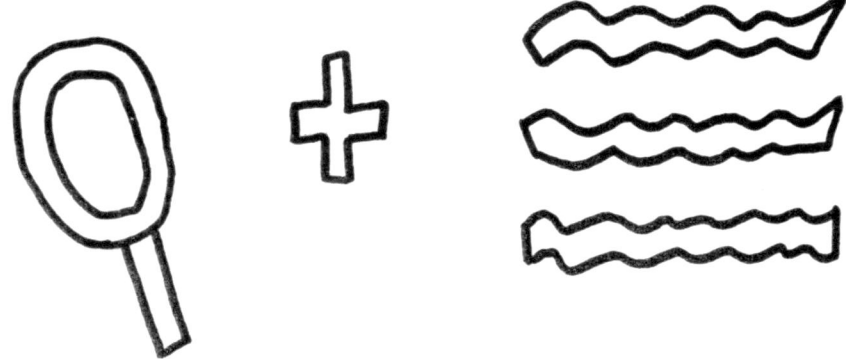

Man teilt es auch in Nord und Südholland. Das Land grenzt an die Nordsee, an Belgien und an Deutschland. Mit Belgien und Luxemburg zusammen wird es auch, man kann es kaum glauben „Benelux" genannt.
 Wieder ein neuer Name, jetzt reicht´s aber. Ich will doch nur in einem Land Ferien machen und nicht gleich in 4 verschiedenen, obwohl es ja immer dasselbe ist.
 Jetzt ist Schluss mit Lustig und dem Land, sonst kommt bestimmt noch ein Name dazu.

Also Wiederholung, was kann man alles zu diesem Land sagen?

1. Holland
2. Niederlande
3. Norddeutsches Tiefland
4. Königreich der Niederlande
5. Beneluxland

Und dann auch das noch:
Die ganze Küste ist 280 Kilometer lang.
Kann ich mir gar nicht vorstellen.
Bin mal gespannt wo wir landen werden?

Wir sind aber nicht mit dem Flugzeug unterwegs, weil ich landen sage. Damit meine ich nur, ich weiß noch nicht, wo unser Ziel ist.

Aber ich glaube gehört zu haben, dass wir in Südholland Urlaub machen dieses Jahr.

Denn man weiß noch nicht, wo man wohnen wird.
Wie sieht das Haus oder die Wohnung oder der Campingplatz aus?

Und ich weiß auch noch nicht, ob mir das gefällt?
Na ja, wie meine Eltern immer sagen, man muss eben das Beste daraus machen, dann gefällt es einem schon. Hoffentlich auch mir. Die Hauptsache, ich bin am Strand, kann ins Wasser gehen und die Sonne scheint.

Ich glaube, dann bin ich zufrieden.
Aber ich glaube, dabei wird es nicht bleiben, denn meine Eltern wollen sich auch noch Städte ansehen.
So ein Quatsch, muss doch nicht sein, oder?
Ich werde mal ein bisschen nachfragen, vielleicht lohnt es sich ja doch, etwas neues kennenzulernen.
Meine Eltern, oje wenn man die was fragt, dann können sie gar nicht mehr aufhören zu erzählen.
Jetzt kommen die Städte dran:
Es gibt gleich zwei Hauptstädte, nämlich:

Amsterdam und Den Haag.

In Den Haag ist die Regierung, so wie bei uns in Berlin.
Amsterdam ist eine sehr schöne Stadt, mit vielen Brücken und Kanälen und sehr, sehr, sehr …… vielen Fahrrädern.
Meine Mutter war schon mal dort mit Ihren Freundinnen.
Da haben sie auch ein Parkhaus gesehen, extra nur für Fahrräder.
Amsterdam liegt am Fluss „Amstel" und heißt deshalb so.
Aber dann müsste es doch Amsteldam heißen, oder?
Es gibt dort auch sehr viele Hausbote, auf denen die Menschen sogar leben.
Das würde ich auch gerne, dort leben.

Aber die größte Stadt ist Rotterdam.
Auf die freue ich mich am meisten, hoffentlich fahren wir da auch mal hin.
Dort gibt es den größten Hafen Europas.
Er gehört auch zu den zehnt größten Häfen der Welt!
Man kann auch eine Hafenrundfahrt machen, hoffentlich machen wir das. Denn dann kann man die riesigen Monsterschiffe sehen.
Ich kenne ja schon einige aus meinem Schiffequartett.
Das habe ich auch dabei und Papa muss jeden Tag mindestens zweimal mit mir spielen!
Man kann auch „Pötte" zu den riesen Schiffen sagen.
Ich kann es kaum noch erwarten, so einen Pott zu sehen.
Du kannst aber auch Containerschiff dazu sagen.

Diese riesigen Containerschiffe fahren vom Rotterdamer Hafen aus in die ganze Welt und transportieren dabei alles Mögliche.

In diesem Land fährt man sowieso viel mit dem Schiff, oder mit den „Grachten".
Ich versteh immer Trachten.
Fahren wir vielleicht nach Bayern?
Nein, lieber nicht, denn dann müßte ich ja wandern.
Die Boote, mit denen man auf den vielen Kanälen fahren kann, heißen Grachten.
Warum auch immer?
Wissen meine Eltern auch nicht, vielleicht wissen es ja deine.
Also ab jetzt ist klar, die wissen doch nicht alles über Holland.

Jetzt bin ich aber etwas abgedriftet, ich wollte ja noch von den Leuten in diesem Land erzählen.
Was ganz Besonderes finde ich toll!
Holland hat eine Königin, ob wir die auch mal sehen? Stimmt nicht mehr so, sagen meine Eltern, denn die Königin Beatrix hat 2013 das Amt ihrem Sohn Willem-Alexander übergeben.

Jetzt hat Holland einen König.

Und dazu gibt es noch eine richtige Königsfamilie.
Aber es gibt dort auch einen Ministerpäsidenten, das weiß mein Papa.
Der kennt sich besser mit Politik aus, wie meine Mama. Er weiß auch noch, daß in den Niederlanden, Menschen aus der ganzen Welt eingewandert sind und dort leben.
Hoffentlich ist dann auch noch Platz für uns da?
Es leben dort viele Marokaner, Türken, Afrikaner, Indonesier und Engländer.
Die Niederlande war früher eine große Seemacht und hat in fremden Ländern eigene Gebiete (Kolonien) gegründet.
Die Niederländer sind ein weltoffenes tolerantes Volk. Was ist ein tolerantes Volk?
Wird mein Vater mir später erklären müssen, irgendwann mal.
Und was für eine Sprache spricht man in Holland?
Ein Gemisch aus englisch, dänisch, belgisch und friesisch, sagt Mama.

Also ich werde dort wahrscheinlich nur „Bahnhof" verstehen, wenn du weißt was ich meine.
Hoffentlich verstehen meine Eltern was, sonst sind wir aufgeschmissen.
Aber sie meinen, viele Holländer können auch etwas Deutsch.
Wir werden sehen oder hören.
Meine Eltern kennen auch schon zwei ganz berühmte Holländer.
Der eine ist Rudi Carell, er hat früher immer lustige Rateshows gemacht, die meine Eltern gerne gesehen haben.
Der zweite ist ein Maler, er heißt Vincent van Gogh und ist Hollands berühmtester Maler, aber was er gemalt hat, weiß ich nicht.
Nur meine Eltern wissen es mal wieder besser.
Deshalb hier ein Bild von ihm zum ausmalen, dann fühlt man sich gleich wie ein berühmter Maler.

Berühmt ist Holland auch für seine Deiche und Dämme.
An Kilometer hat das Land ungefähr 3000 KM Deiche.
Aber so lang ist Holland doch gar nicht.
Da müssen die Dämme ja doppelt sein?
Meistens gibt es die Deiche direkt hinter dem Meer.
Sie können aus Gras oder Beton sein.
Oder sie können richtig gebaut werden und mit riesigen Pfosten im Meer versenkt werden.
Von so einem Damm erzähle ich gleich :

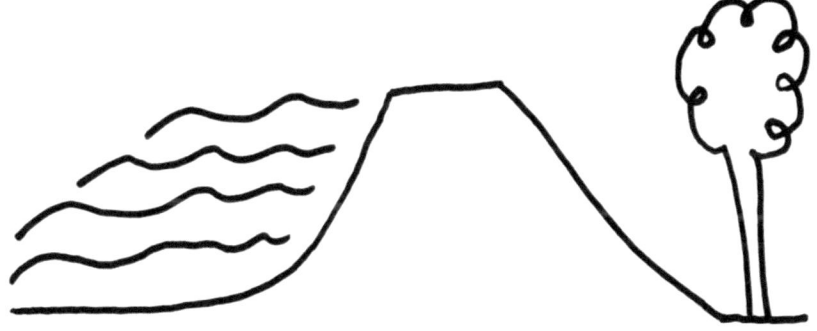

Ein ganz toller großer Damm ist der:
„Neeltje Jans „ Damm.
Den wollen wir uns auf alle Fälle mal ansehen.
Er ist ein richtiges Sturmflutwehr.

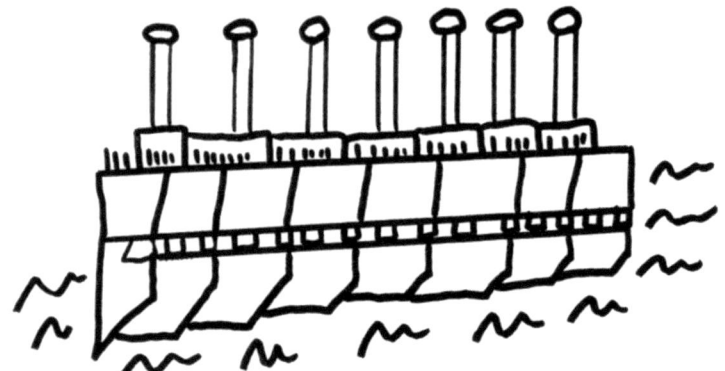

Es gibt riesige Metalltüren, die bei einer Sturmflut geschlossen werden. Es trennt die Nordsee von der Oosterschelde.
Die Oosterschelde war früher auch Nordsee und wurde nur wegen der Sturmflut abgetrennt, das weiß alles mein super Papi.
Übrigens hat man 7 Jahre gebraucht um dieses Sturmflutwehr zu bauen.
So alt bin ich gerade geworden.
Da haben die Holländer vor meiner Geburt angefangen, damit ich mir das jetzt ansehen kann, super toll.
Es gibt ja auch Weltwunder, wenn du schon mal was davon gehört hast? Und dieses „Neeltje Jans" soll das 8te Weltwunder sein?

Ich möchte gerne mal alle Weltwunder kennen lernen.
Mein Vater sagt mir auch noch, das die Holländer Spezialisten sind, im Bau von Schutzdämmen gegen die Sturmflut.
Alles klar, aber was ist ein Spezialist?
Muss er mir auch noch erklären,
kommt auf die Erklärliste.
Vor vielen Jahren gab es in Holland, in dem Land, das unter dem Meeresspiegel liegt große Überschwemmungen.
Das soll nicht wieder passieren und deshalb die vielen Dämme, Deiche und Sturmflutwehre.
Ein ganz natürlicher Schutz gegen Sturm und Wasser sind die Dünen am Strand.
Es gibt hier ziemlich hohe Dünen.
Die haben sich im Laufe der Zeit gebildet oder sie wurden extra angelegt.

Viele von ihnen darf man nicht betreten, da sie unter Naturschutz stehen. Schade finde ich, denn es macht bestimmt Spaß auf ihnen herum zu klettern. Womit wir hier bei einem ganz wichtigen Thema sind, nämlich dem Strand.
Was gibt es alles am Strand zu sehen?
Ganz, ganz viel, ich weiß gar nicht womit ich anfangen soll.
Du kannst dir ja auch mal eine Liste machen und nachher mit meiner vergleichen:
Also zuerst einmal gibt es dort Krabben, die will ich unbedingt fangen. Dafür werden wir noch ein Fischernetz kaufen. Und was mach ich dann mit den Krabben? Essen?
Weiß ich noch nicht ganz genau, wahrscheinlich etwas gefangen nehmen und anschließend wieder frei lassen. Ich kann sie ja nicht mit nach Hause nehmen.

Amsterdam-Grachten

Ziehbrücke und Windmühlenpark

Sturmflutwehr-Neeltje Jans

Was ich mitnehmen kann, das sind Muscheln.
Davon gibt es an der Nordsee ganz viele verschiedene.
Meinen Freunden und meiner Oma werde ich ein paar mitbringen.
Dann gibt es noch Quallen, das sind glitschige Tiere.
Sie können auch gefährlich sein, wenn man sie berührt.

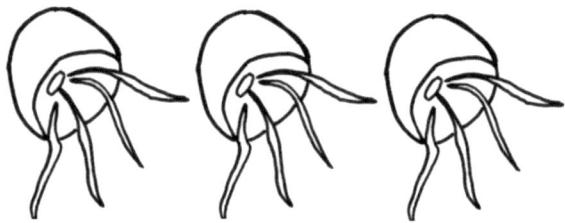

Die Haut brennt dann wie Feuer, sagt meine Mama.
Das ist dann wie ein schlimmer Sonnenbrand.
Man kann auch noch Seesterne finden.
Oder ganz viele Möwen sehen.

Man kann auch noch manchmal was lustiges am Strand sehen.
Da laufen komische Gestalten mit Metalltellern rum, mit denen sie den Strand absuchen.
Nach was? Nach Piratenschätzen?
Papa erzählt: Die suchen wirklich nach Geld, Schmuck, Münzen oder anderen Metallgegenständen, die die Urlauber im Sand verloren haben. Denn im Sand kann man ganz schnell mal etwas verlieren.
Meine Eltern haben schon mal miterlebt,

wie eine Familie stundenlang im Sand nach ihrem Autoschlüssel gesucht hat.
Alle haben gesucht und sind im Sand rumgekrabbelt.

Sie haben geschaufelt bis zum umfallen.
Und sie haben ihren Autoschlüssel nicht mehr gefunden. Zum Schluß haben sie den ADAC angerufen, damit der ihnen hilft, zu suchen?
Oder einen Zweitschlüssel zu beschaffen?
Seit dem steckt Papa immer den Autoschlüssel in ein extra Fach in seinem Rucksack. Denn zu Hause sucht er laufend seinen Schlüssel.

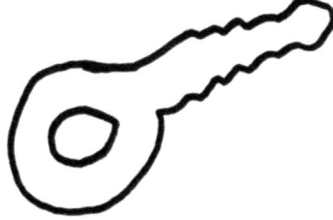

Und nun das Wichtigste überhaupt:
Das ist die „Ebbe und Flut", sagen mir meine Eltern.
Was ist das denn schon wieder?
Bei Ebbe verschwindet das Wasser und bei Flut kommt es wieder zurück. Toll, aber wohin ist das Wasser verschwunden?
Hat es sich in Luft aufgelöst?
Oder hat einer den Stöpsel aus der Nordsee gezogen, wie in der Badewanne und das Wasser abgelassen?

In Kurzform erklären sie mir , das das mit dem Mond zu tun hat und auch mit der Erdanziehungskraft.
Jetzt versteh ich überhaupt nichts mehr.
Ist mir zuviel!
Das kann ich alles sowieso nicht glauben, bevor ich es nicht mit eigenen Augen gesehen habe.

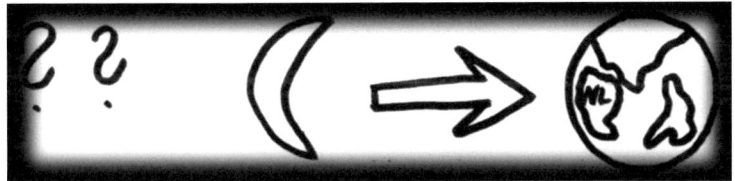

Wer weiß, ob das überhaupt stimmt.
Und außerdem, wenn das Meer nicht da ist, wo bitte schön soll ich dann baden?

Vielleicht in der Badewanne?

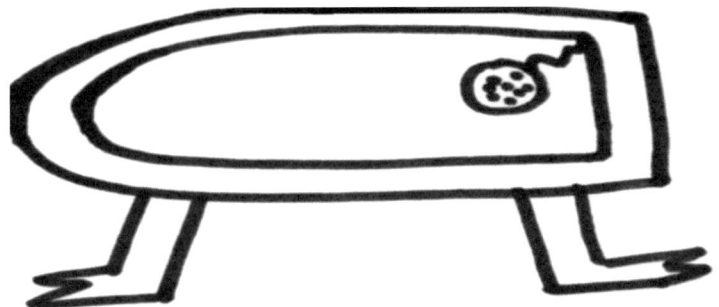

Naja wenn das Wetter mal nicht so gut ist, können wir ja auch andere Sachen unternehmen.
Meine tollen Eltern haben sich schon vorher informiert:
Wir werden dort eine Seehund Aufzucht Station besuchen.
Da freue ich mich schon drauf.
Dort werden junge Seehunde aufgenommen, die keine Eltern mehr haben oder krank sind.
Es gibt an der Nordsee hoffentlich noch sehr viele Seehunde, denn sie sind vom Aussterben bedroht. Ungefähr 20000 Tiere.
Woher ich das weiß? Von Papa Alleswisser.
Der erklärt mir, die Seehunde wurden gezählt. Bei Flügen mit einem Flugzeug.
Wie kann man aus einem Flugzeug Tiere zählen?
Versteh ich mal wieder nicht, wie soll das gehen?
Haben die vielleicht besondere Kameras, die automatisch zählen?

Seehund-Aufzucht-Station

Krabbe

Möwen

Oder macht einer eine Strichliste?
Ist ja auch egal, die Hauptsache ich sehe mal einen Seehund.
Oder auch zwei oder drei.

Was wollen wir sonst noch besichtigen?
Was heißt hier „wir"?
Meine Mama will dahin, zum Keukenhof.
Das muss ein Park sein mit unheimlich vielen verschiedenen Tulpen, denn dafür ist Holland ja auch bekannt.
Dort gibt es riesengroße Tulpenfelder in allen möglichen Farben.
Ich brauch das nicht unbedingt, muss aber bestimmt mit.
Denn wo soll ich denn sonst hin? Vielleicht ins „Het Arsenaal"? Das ist ein Piratenpark.

Na ja, vielleicht wird's ja auch ganz interessant, die Tulpen haben Namen von Prinzen und Prinzessinnen, weiß meine Mutter.
Vielleicht sehen wir dort ja dann auch den König.

Was man sich auch noch ansehen kann, das sind die Windmühlen.
Heute gibt es in Holland noch ungefähr 1000 Stück davon.
Es gibt auch Freilichtmuseen, mit ganz verschiedenen Windmühlen.
Diese kann man besichtigen und in manche auch reingehen.
Das finde ich nun wieder mal spannend.
Eine Windmühle von innen, habe ich bis jetzt noch nicht gesehen.

Früher hat man in den Mühlen Getreide gemahlen.
Wenn ich die erste Mühle sehe, dann weiß ich, dass ich in Holland bin.
Hoffentlich verschlafe ich das nicht.

Bin schon etwas müde, aber zuerst habe ich jetzt mal Hunger.
Muss mal sehen, was wir alles für die Fahrt dabei haben.
Meine Mama sorgt immer vor und hat ausreichend Verpflegung und zu Trinken dabei.

Denn Papa und ich, wir haben immer Hunger.
Außerdem steht die Kühltasche gleich neben mir, da muss ich nur reinschauen, was es leckeres gibt.
Was zu Naschen müsste doch auch dabei sein?
Ich esse am liebsten Schokolade in allen Variationen.
Aber leider gibt es davon im Sommerurlaub nicht so viel, weil sie sonst so schnell schmilzt in der Sonne.
Und dann sehe ich immer aus wie ein kleines Ferkel.
Also lieber mal was gesundes, so wie Müsliriegel, Obst oder trockene Kekse.
 Nur die stauben immer so, da brauche ich dann viel zum Trinken.
Ein Eis wäre jetzt auch nicht schlecht.
Davon kann ich im Moment nur träumen, sagt mein Papa und Mama gibt ihm auch noch Recht.
In den Niederlanden gibt es auch ganz leckere Sachen zu Essen.

Holland ist bekannt für seine:
„Pannekoeken" = Pfannkuchen.
Die werden mit allem Möglichen gefüllt, zum Beispiel mit Nutella,
toll das mag ich am liebsten.

 Ich glaube, die Holländer sind mir schon jetzt sympathisch.
Es wird immer besser.
Es gibt dort die besten Pommes der Welt, habe ich mal gehört.
Jetzt kann ja im Urlaub nicht viel schlimmes mehr passieren.
Und noch was, in Holland gibt es die größte Pommes Fabrik der Welt.

Dafür geh ich auch mit in diesen komischen Keukenhof.

Für die besten Pommes der Welt tue ich fast alles.
Dann gibt es noch eine Spezialität: „Frikandel Spezial".
Was ist das? Kann man das essen? Oder trinken?
Das ist ein Hackfleischröllchen mit Majo und Ketchup.
Ist bestimmt auch ganz lecker.

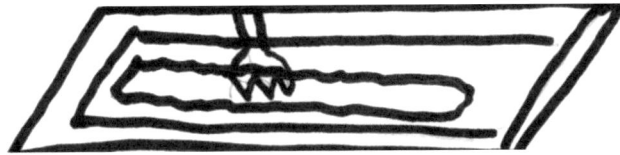

Mein Vater sagt auch laufend:
In Holland gehen wir:"lecker Mittagessen".
Ich glaube, das wird unser Urlaubsspruch für dieses Jahr.
Denn wir wollen uns jedes Jahr einen lustigen Spruch merken.
Das erinnert uns dann immer an den Urlaub.
„Jetzt gehen wir mal so richtig lecker Mittagessen".
Das hat mein Vater mindestens schon 10-mal gesagt auf dieser Fahrt.
Wir können es schon nicht mehr hören.

Nun wieder zum Essen, wer dies alles nicht mag, der kann ununterbrochen Käse essen.
Denn für Käse ist dieses Land ja ziemlich bekannt.
Käse gibt es mit Löchern oder ohne Löcher, wie jeder will.
Aber wie kommen die Löcher in den Käse?
Das habe ich schon mal in der Sendung mit der Maus gesehen.
Du bestimmt auch, wenn nicht kannst du ja mal mit deinen Eltern in eine Käserei gehen und dir das ansehen.
Es gibt auch extra Käsemärkte in den Städten.
Mit ganz großen runden Käsen, fast so groß wie ein Auto-Rad.
Manchmal auch noch größer.

Manche Städte haben auch Käsenamen, so zum Beispiel die Stadt „Gouda",
wer kennt nicht den Goudakäse?
Und was bestimmt auch jeder kennt, das ist die Werbung:
„Frau Antje bringt Käse aus Holland"

Hier noch eine Sache, die ganz typisch für die Niederlande ist.
Was kann das sein?
Ratet doch mal.
Man kann es an die Füße anziehen und damit laufen.
Richtig, es sind Holzschuhe. Der Holzschuh, wie der Name schon sagt, wird aus Holz hergestellt, und zwar aus Pappelholz.
Im Mittelalter war er besonders günstig.

Heute wird er meistens an die Touristen verkauft.
Man kann auch in so einer Werkstatt zusehen, wie der Schuh gemacht wird.
Die Holzschuhe gibt es in allen Farben.
Vielleicht hätte ich auch gern ein paar Holzschuhe, denn ich bin ja auch ein Tourist.

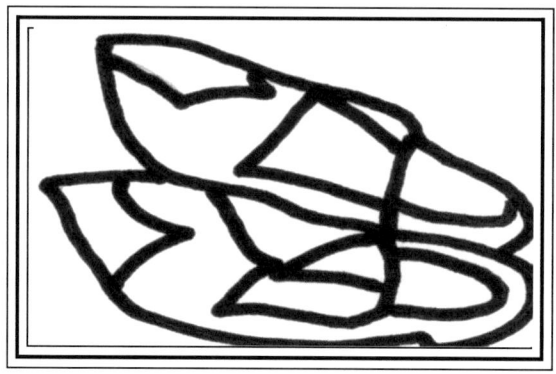

Wer oder was ist ein Tourist?
Eigentlich jemand, der in einem anderen Land Urlaub macht.
Und man sollte sich als Tourist immer dem Land anpassen.
Denn andere Länder, andere Sitten, sagen meine Eltern immer.
Was für andere Sitten?

Kannst ja mal deine Eltern löchern.
Jedes Land ist anders, aber auch auf seine Art schön.
Es muss ja nicht immer alles so sein wie zu Hause, das ist doch langweilig.
Was sagst du dazu?
Wenn ich daran denke, was wir uns alles ansehen wollen, wird mir ganz komisch. Was haben wir bis jetzt?
Seehund-Aufzucht Station -   Keukenhof - Windmühlen   - Piratenpark nicht vergessen!
Werkstatt für Holzschuhe -   Sturmflutwehr   - Rotterdam

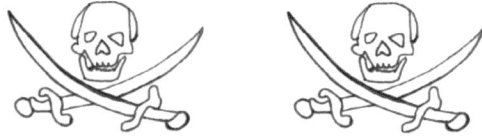

Habe ich noch was vergessen?
Aber wir wollen doch nur 3 Wochen bleiben.
Das Programm ist ja für 3 Monate.
Mir ist das egal, ich bleibe auch länger, dann brauche ich nicht gleich wieder in die Schule.
Und prompt sagt mir mein Papa noch ein Ausflugsziel.

Hat er vorhin vergessen zu erzählen, als er nicht mehr aufhören konnte vom Sturmflutwehr zu erzählen.
Ich glaube, das interessiert ihn am meisten.
Aber ich finde das auch super spannend und aufregend.
Was kann noch ein Ausflugsziel in dem Land mit den 5 Namen sein?
Rate mal.
Da kannste lange raten, da kommste nie drauf.
Es ist das „Waterland Delta Park Nelltje Jans".
Hört sich fantastisch an, was ist das?
Holland ist doch ein ganzes Waterland= Wasserland.
Also dieser Deltapark ist wie ein Freizeitpark. Er befindet sich auf oder an dem Sturmflutwehr.
Das ist ja auch egal, die Hauptsache dort gehen wir mal hin. Dort gibt es nur tolle Sachen, Wasserrutschen und eine Walfischwelt.

Es gibt außerdem ein Aquarium und einen Wasserspielplatz.
Was will man mehr? Das ist doch genug.
Nein noch nicht, es gibt auch eine Orkanmachine.

In dieser Maschine muss man eine Schutzbrille aufsetzen und wird dann vom Wind fast weggeblasen. Toll!

Und man kann dort Essen aus dem Meer bekommen, nicht in der Orkanmaschine, da würde doch alles wegfliegen!!
Jetzt bist du platt, und denkst der spinnt. Woher ich das alles weiß?

Ist doch klar, aus dem Internet.
Dort kann sich doch heute jeder informieren, bevor er in Urlaub fährt. Kann doch jedes Kind. Natürlich nur, wenn es die Eltern erlauben in meinem Alter.
Mein Vater sagt immer: Im Internet steht ziemlich viel Mist und wenn man was sucht, kommt man auf Seiten, die man gar nicht will. Aber hier weiß meine Mutter besser Bescheid und zeigt ihm, wo er was findet.
Deshalb weiß ich schon so viel über das Waterland und darauf freue ich mich im Moment am meisten.

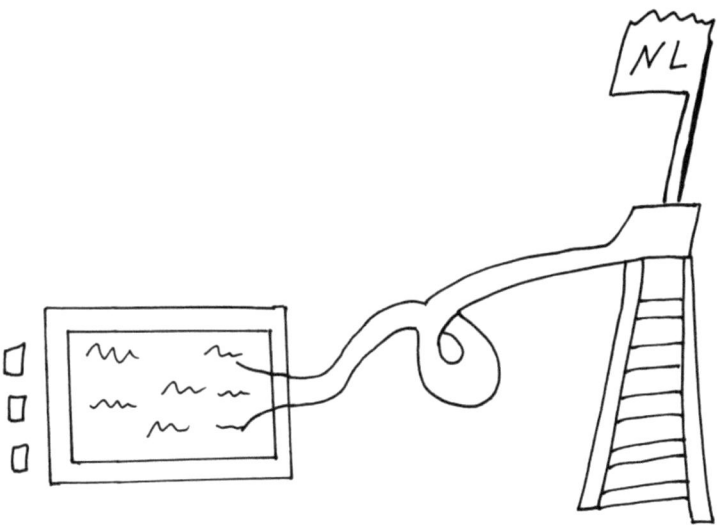

Jetzt noch was ganz typisches für das Land unter dem Meeresspiegel, die Frage lautet: Was steht meistens am Meer, ist hoch und bunt angemalt?
Was ist das? Ein Holländer auf Stelzen? Falsch. Es sind die vielen Leuchttürme, die man hier sehen kann.
Es gibt sie in vielen verschiedenen Farben. Meistens in schwarz-weiß oder rot-weiß.
Sie haben auch ein Leuchtfeuer.
Dieses Leuchtfeuer zeigt nachts den Schiffen draußen auf dem Meer, wie weit sie noch von der Küste entfernt sind.

Ich interessiere mich mehr für das Meer und die vielen Kanäle.
Hier gibt es so viele kleine Flüsse, die kann man gar nicht mehr zählen.
Man könnte ja mal mit dem Flugzeug drüber fliegen, wie bei den Seehunden, vielleicht könnte man dann die Kanäle auch zählen.
Hier in Holland kann man auch ein Boot mieten und durch diese Kanäle fahren.
Dazu braucht man noch nicht mal einen Bootsführerschein, glaube ich.
Das wäre auch mal etwas für uns, meint mein Vater.
Ich glaube, das wäre mal was für mich.
Vielleicht im nächsten Jahr?

Wenn man hier ein zu großes Boot oder Schiff
hat, kann es sein, das man nicht durch die
Brücken hindurch kommt.
Denn diese sind oft zu niedrig.
Was macht man dann?
Man holt das Boot aus dem Wasser und trägt
es über die Brücke und lässt es auf der anderen
Seite wieder ins Wasser.
Falsch oder richtig?
Oder willst du jemanden anrufen?
Fast wie bei „Wer wird Millionär
oder irgendeinem Rate Quiz."

Ist natürlich vollkommener Blödsinn,
wusstest du ja sicher.
Denn die Holländer können zaubern. Wie?
Sie teilen einfach die Straße in der Mitte und
ziehen sie rechts und links an beiden Seiten
hoch.

Natürlich machen das nicht die Menschen,
sondern die Maschinen.
Die Brücken werden also geteilt, damit das
Schiff durchfahren kann.
Ist es durchgefahren, lässt man die Brücke
wieder runter.
Und wartet bis das nächste Schiff kommt.
Und alles wieder von vorne.
Und das Tag und Nacht, immer wieder.

Die Autos oder Fahrräder können in dieser Zeit
natürlich nicht über die Brücke,
sonst fallen sie ja ins Wasser.

Ich finde das ganz aufregend und werde mir das bestimmt öfters mal ansehen, und viele Fotos davon machen.
Denn meine Freunde zu Hause glauben das nicht, wenn ich es ihnen erzähle, also brauche ich ein Beweisfoto. Sicher ist sicher.
Da haben wir ja wieder volles Programm.
Ich glaube, wir bleiben doch länger hier,
aber das geht ja nicht,
denn mein Papi muss ja wieder arbeiten.
Und deshalb freut er sich auch auf die Erholung am Meer.
Auch auf das Fahrradfahren freut er sich besonders.
Denn du wirst es nicht glauben, wir haben sogar unsere Fahrräder dabei. Aber wo?
Natürlich auf dem Dach unseres Autos direkt über mir.

Manchmal schaut Mama hoch, ob sie noch da sind. Aber die können doch nicht verloren gehen.
Denn Papa hat mindestens 20-mal nachgesehen, ob auch alles ganz fest ist.
Denn das wäre nicht so gut, wenn man die Räder verliert, es wäre sogar sehr gefährlich.
Und wir müssten uns dann ein Hollandrad mieten.
Wir wollen lieber mit unseren eigenen fahren.
Die haben wenigstens Gangschaltung, das haben viele in Holland nicht. Brauchen sie auch nicht, denn dort ist ja alles flach.
Da braucht man sich nicht so anstrengen, wie bei uns, wo es etwas hügelig ist.
Es sei denn, man hat Gegenwind, dann muss man auch ganz schön in die Pedalen treten.
Mit dem Wind fährt es sich dann wieder wie von selbst.
Hoffentlich fahren wir immer mit dem Wind, aber ich glaube, das geht nicht immer.
In Holland heiß das Fahrrad: „Fiets".
Es gibt dort superviele und schöne Radwege.

Viel besser als bei uns zu Hause, sagt mein Vater.
Ich glaube in Holland ist einiges schöner, als bei uns, wieso bleiben wir dann nicht gleich da?
Geht doch nicht, sagen meine Eltern, wir müssen schon wieder nach Hause.
Es ist ja nur ein Urlaub. Aber ein schöner.
Zu Hause leben wir und hier machen wir Ferien.
Mein Vater meint noch, wenn man 3 Wochen in Urlaub war, dann freut man sich auch wieder auf zu Hause.
Es gibt viele Menschen, die können überhaupt nicht in Urlaub fahren.
Wir wären viel zu verwöhnt, sagt er noch.
Auch darüber sollte ich einmal nachdenken.
Gut, ich werde nachdenken, aber nicht jetzt.
Jetzt will ich mich erst einmal auf diesen Urlaub freuen.

Meine Mama hat mal wieder ihre „5Minuten", in denen sie überlegt, ob sie auch alles eingepackt hat.

Ist mit egal, die Hauptsache ich habe alles dabei.
Ganz wichtig ‚Badehose und Fußball.
Dann kann ich am Strand mit meinem Papa ein bisschen kicken.
Ich bin nämlich Fußballfan und spiele selbst in einem Verein.
Und ab und zu gehe ich mit Papa ins Stadion zur Eintracht Frankfurt.
Ich bin nämlich Eintracht Fan.
Was ich an den Holländern lustig finde, sind ihre Namen.
Sie heißen fast immer „van" und „van der" zu ihrem Namen.
Hier seht ihr das holländische Trikot der Nationalmannschaft.
Ihr müsst das Trikot nur in orange ausmalen, ganz einfach.

Ich habe gerade ein Mittagsschläfchen gemacht und bin kurz vor Holland wieder aufgewacht.
Plötzlich sind wir in Holland, man merkt es fast gar nicht.
Denn es gibt ja keine Grenze mehr zu unseren Nachbarländern.
Früher gab es Grenzhäuschen und auch einen richtigen Zoll.
Und Ausweise wurden kontrolliert.
Heute ist das ganz anders, man fährt einfach und auf einmal ist man in einem anderen Land.
Man kann die Schrift an Plakaten oder Autobahnschildern irgendwie schlechter lesen, daran merke ich zuerst, dass ich woanders bin.
Und die Autokennzeichen haben NL für Niederlande.
Na jetzt kann´s ja losgehen, mal sehen wann ich die erste Windmühle, Tulpe, Holzschuh oder den ersten Seehund sehen?

Bestimmt nicht auf der Autobahn.
Bis jetzt sind wir ganz gut vorangekommen.

Wir hatten nur einen kleinen Stau bei Köln.
Da ist immer alles voll, sagt mein Papa.
Denn der hasst Stau noch mehr als
Stechmücken, obwohl, die hasst er am meisten.

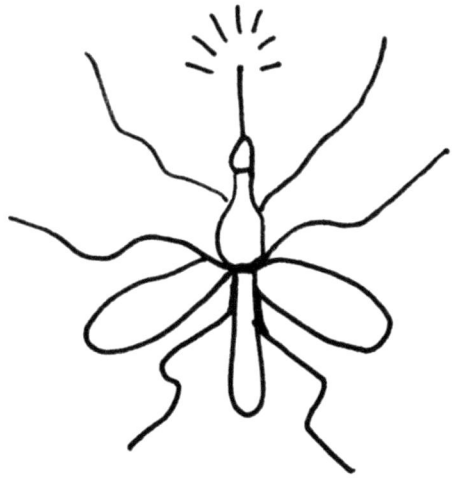

Wenn Papa in einen Stau kommt rastet er total aus. Er würde am liebsten drüber fliegen, wenn er könnte.
Ich glaube er müsste mal zum Staupsychologen.
Ich stecke mir dann meine Stöpsel in die Ohren und höre mir eine Geschichte an, damit ich mir das „Gemeckere" nicht anhören muss.

Meine Schwester sitzt übrigens neben mir und hat die Stöpsel im Ohr, seit dem wir zu Hause losgefahren sind.
Deshalb habe ich noch nichts von ihr erzählt.
Man merkt gar nicht, dass sie auch dabei ist.
Ich glaube sie lebt manchmal in einer anderen Welt.
Im Moment wahrscheinlich in der
„Hip Hop Welt".
So nennt sie ihre Musik, die sie ununterbrochen hört.
Ich glaube sie hat die Stöpsel angeklebt, damit sie ihr nicht aus den Ohren fallen.

Eigentlich bin ich ganz froh, dass sie auch mitfährt, obwohl sie manchmal etwas zickig ist. Aber oft kann ich auch mit ihr spielen oder anderen Unsinn machen.
Sie ist 5 Jahre älter als ich und manchmal eine Zicke.
Hoffentlich hat sie auch ihr Zicken T-Shirt dabei.
Denn es ist rot und da steht „ Zicke „ drauf.
Mama sagt dann immer: „Nur wo Zicke draufsteht, ist auch eine Zicke drin".
Und meine Schwester ärgert sich dann.

Trotz allem, haben wir oft viel Spaß zusammen. Denn die ganzen Städtetouren sind zu zweit viel besser er ertragen.
Da kann man auch mal Unsinn machen.

Oder man nervt zu zweit, bis wir ein Eis essen gehen.
Fast wäre ich wieder abgedriftet, aber halt, wo sind wir denn jetzt?
Ja richtig in dem Königreich der Niederlande.
Mit was für Geld muss man hier bezahlen?
Mit Kronjuwelen vielleicht?
Quatsch mit Euro natürlich.
Früher gab es hier Gulden.
Mir ist das völlig egal, die Hauptsache ich bekomme ein Eis.
Ob ich es nun in Euro oder Gulden oder Juwelen bezahle, dass juckt mich nicht.

Wir fahren gerade an einem großen See vorbei.
Riesig, fast so groß wie das Meer.
Dabei habe ich die Nordsee noch nie gesehen.

Meine Schwester hat gesagt, ich glaube, nur um mich zu ärgern,
wir fahren ans „Wattenmeer".
Ist das Meer denn aus Watte?
Oder was hat sie damit gemeint?
Willst du jetzt mal deinen Joker fragen?

Nachher mal Papa fragen, wenn er sich nicht mehr so auf den Verkehr konzentrieren muss.
Es gibt auch ganz viele große Seen in Holland.
Sogar Süßwasserseen.
Die Seen haben aber Meernamen.
Zum Beispiel :
 Das „Ijsselmeer" oder das „Grevelinger Meer".
Und noch viele andere …………..
Auf diesen großen Seen, kann man ganz toll segeln und surfen.
Meine Schwester surft lieber im Internet.

Manchmal ist meine Schwester auch etwas komisch.
Meine Mutter sagt dann, sie ist in der „Pubertät".
Oma kann das Wort überhaupt nicht aussprechen und sagt dazu „Puberität", dann müssen wir alle lachen.
Ich lache auch mit, obwohl ich noch nicht mal weiß, was das eigentlich ist.
Hoffentlich ist es nicht ansteckend.
Aber Mama sagt, das werde ich auch noch bekommen.
Nur daran will ich jetzt noch nicht denken.

Gerade sind wir über einen Fluss gefahren, ich glaube, es war der Rhein.

Mama regt sich auf und Papa wird etwas nervös.
Was ist jetzt wieder passiert?
Ich glaube, wir haben uns verfahren.
Mama meint, wir müssten mal nach dem Weg fragen.
Und Papa will nicht anhalten.
Kennst du das auch?
Mama sagt immer: Papa würde lieber 500 Kilometer Umweg fahren, bevor er einmal nach dem Weg fragt.
So wären die meisten Männer.
Nur nicht halten und fragen.
Hoffentlich haben wir noch so viel Benzin für die 500 km.
Aber so viel Umweg müssen wir gar nicht fahren, denn da vorne sind Schilder, wo es lang geht. Was ein Glück.
Und schwup di wup sind wir wieder auf dem richtigen Weg.
Ich habe gerade ein ganz komisches Schild gesehen.
Da stand drauf: „Let op drempels"?

Was heißt denn das?
Hoffentlich machen wir nichts falsch.

Da wir eben über den Rhein gefahren sind,
erfahre ich nun, wie die drei größten Flüsse der Niederlande heißen.
Denn die sollte man auch kennen.
Kann ich bestimmt gut gebrauchen, wenn wir im Urlaub wieder Stadt-Land-Fluss spielen.
Kennst du dieses Spiel auch?
Macht viel Spaß, aber nur, wenn man auch was weiß.
Ansonsten hat man „geloost", sagt meine Schwester immer.
Die weiß halt meistens mehr wie ich,
sie ist ja auch älter.
Aber das muss ja nicht so bleiben, mit dem Wissen.

Hier nun die drei größten Flüsse:
Rhein - Maas - Schelde
Der Rhein fließt also von Holland bis nach Deutschland.
Ach logisch, jetzt weiß ich warum bei uns immer so viele Holländische Transportschiffe auf dem Main zu sehen sind.

Denn der Main fließt in den Rhein.
Und die Holländer transportieren alles Mögliche auf den Flüssen nach Deutschland.
Hoffentlich auch Pommes Frites.

Holland hat auch einen Berg, man soll es nicht glauben.

Er heißt „Vaalserberg" und ist 322 Meter hoch.
Ich weiß aber nicht genau wo der ist.
Man müsste mal im Atlas nachsehen, wenn man Lust hat.
Schneller geht's bei Google maps.
Die Holländer können also in ihrem Land gar nicht Skifahren.
Deshalb fahren sie im Winter immer in die Berge.
Und dabei nehmen einige von ihnen gleich ihr ganzes zu Hause mit.
Soll nur ein Scherz sein, denn der Wohnwagen ist ja nicht ihr zu Hause, sondern nur für den Urlaub gedacht.
Denn zur Ferienzeit fahren immer Mengen von Wohnwagen aus Holland in den Urlaub.
Im Sommer noch viel mehr, als im Winter.
Da dürfte ja jetzt keiner mehr im Land sein, wenn die alle mit ihren Wohnwagen unterwegs sind.
Aber vielleicht sind ja doch einige zu Hause geblieben.

Die Holländer sind und waren schon immer ein reiselustiges Volk.
Finde ich eigentlich toll.
Ich verreise nämlich auch gerne.
Mit Wohnwagen vielleicht später auch einmal.

Jetzt ist die Autobahn erst mal zu Ende und wir müssen auf der Landstraße weiterfahren.
Da sehe ich die ersten Fahrradfahrer an einer Ampel stehen.
Ich muss zweimal hinsehen, denn ich traue meinen Augen nicht. Die Ampel hat einen extra Drückknopf in Höhe des Radfahrers.

Supertoll, da muss man nicht mal vom Rad

steigen

Bei uns wäre das undenkbar, sagt mein Vater.
Hier nimmt man viel mehr Rücksicht auf die Fahrradfahrer als bei uns.
Na ja bei uns gibt es ja auch nicht so viele Räder.
Bei uns sind viele zu faul um mit dem Rad zu fahren.
Fast jeder Einkauf wird mit dem Auto erledigt.
Woran das wohl liegt?
Ob es bei uns zu wenig Radwege gibt?
Oder gibt es bei uns zu wenige Fahrräder zu kaufen?
Alles möglich, wer weiß das schon.
Ich fahre eigentlich ganz gerne mit dem Fahrrad.

Nun noch was neues Tolles:
Wenn man viele Sachen zum Strand zu transportieren hat, wie etwa Gummitiere, Strandschutz, Sandspielsachen, Eimer, Fischernetz, Ball, Handtücher, und noch vieles mehr, dann kann man sich einen Bollerwagen mieten.
Denn wenn wir das alles immer schleppen müssen, dann gute Nacht.
Dann sind wir jedes Mal bepackt,
wie die Packesel.
Und wenn ich dann auch mal müde bin und nicht mehr laufen kann,
werde ich mich noch obendrauf in den Bollerwagen setzen.
Und wer soll den Wagen dann ziehen?
Na klar der Lastesel, mein Papa.

Aber meistens werden wir unsere Rucksäcke mitnehmen, wo jeder sein eigenes Zeug tragen kann.
Denn meine Eltern sind ja nicht unsere Gepäckträger.
Oder tragen deinen Eltern immer alles für dich?
Wenn wir mit dem Rad unterwegs sind, dann können wir ja darauf alles laden.
Also es wird schon ziemlich interessant werden.
Wir haben so viele Möglichkeiten was zu unternehmen.
Hoffentlich gehen die drei Wochen nicht zu schnell vorbei.

Ich muss mal einen Bonbon lutschen, denn ich habe
„kribbel in de kehl", das hat Mama gesagt.
Ist das was Schlimmes?
Das heißt auf holländisch: Halsschmerzen.
Die gehen bestimmt bald vorbei.
Wenn wir erst mal da sind und die gute Nordseeluft schnuppern.

Nun kann ich es aber bald nicht mehr erwarten,
bis wir endlich da sind. Denn wir sind nun
schon ein paar Stunden unterwegs.
Man kann in Holland auch ganz toll
Campingurlaub machen,
hier gibt es wunderschöne Campingplätze
direkt am Meer.
Ich glaube, das würde mir auch mal Spaß
machen.
Aber bei uns will das die Mama nicht so gern.
Sie möchte lieber in einem Ferienbungalow
Urlaub machen.
Davon gibt es hier ja auch ganz viele.
Es gibt sogar ganze Bungalow-Parks,
ideal für die Kinder.
Dort gibt es keinen Autoverkehr und viele
Spielmöglichkeiten,
für die Kleinen und die Großen.
Aber ganz egal, ob man in einem Ferienhaus
Urlaub hier macht, oder in einem Zelt auf
einem schönen Campingplatz, oder auf einem
Hausboot durch die Kanäle schippert.

Ich meine, Holland hat ziemlich viel zu bieten.

Man kann in diesem Land aber auch Urlaub auf einer Insel machen.
Dann muss man nur mit einer Fähre übersetzen.
Die bekanntesten Inseln sind:
Texel -   Ameland -   Terschelling
Das wäre auch mal was anderes, auf einer Insel Urlaub machen.

Was ganz wichtiges noch, was auch hierher gehört, das sind die vielen Windkrafträder, die ich laufend sehe, wenn ich aus dem Fenster schaue.
Gezählt habe ich sie nicht, aber man kann sie auch gar nicht zählen, so viele sind es.
Ich glaube auf der Heimfahrt mache ich mal eine Strichliste von den Windrädern.
Ich kann ja nicht drüber fliegen und sie zählen.
Da hier sehr viel Wind geht, kann man das zur Stromerzeugung nutzen.

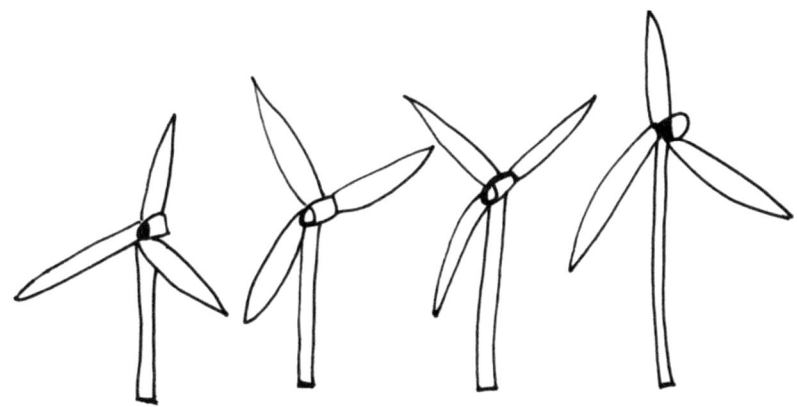

Holland ist doch eigentlich ein ziemlich kleines Land.
Aber dafür hat es eine Menge zu bieten.
Es ist also doch ein großes Land an Attraktionen.
Mir wird es hier bestimmt nicht langweilig.

Mir fällt gerade ganz heiß ein:
Habe ich Schippe, Schaufel und Eimer dabei?
Das ist für mich überlebenswichtig.
Denn ich möchte dort auch ganz tolle Burgen aus Sand bauen.
Es gibt sogar einen Sandburgen-Bau-Wettbewerb.
An dem machen wir sicherlich auch mit.

Nur darf man die Burgen nicht zu nah am Wasser bauen, sagt Papa, denn bei Flut werden sie sonst überspült.
Das wäre sehr schade, denn wenn man stundenlang eine Burg baut, sollte sie nicht von einer Welle in einer Sekunde zerstört werden.
Womit wir wieder bei meinem Lieblingsthema sind:
„Ebbe und Flut".
Weißt du jetzt genau was das ist?

Jetzt kann ich meine Augen nicht mehr offen halten.
Denn ich bin ja schon seit 5 Uhr heute Morgen wach.
So früh sind wir losgefahren.

Und wir sind immer noch nicht da.
Aber wir fahren ja auch in eine andere Welt.
Wenn man sich überlegt, was es hier alles gibt,
das ist schon der Wahnsinn.
Es ist so vieles anders als bei uns.

Was Neues kennen zu lernen erweitert den
Horizont, sagt meine Mutter.
Welchen Horizont meint sie wohl?
Frage mal das Publikum oder deine Eltern.
Gerade hatten wir Fahrerwechsel.
Was ist das?
Wir haben getankt und ab jetzt fährt meine
Mutter weiter.
Papa will sich ja auch mal ausruhen und
vielleicht mal die Augen zu machen.
Meine Schwester hängt nun auch schon in den
„Seilen".
Das heißt, ihr Kopf ist zur Seite gefallen und die
Augen sind zu.
Die Stöpsel sind aber noch immer in ihren
Ohren.
Also doch angeklebt.

Nun kann ich nicht mehr und mache ein Schläfchen.
Ich freue mich auf den Urlaub, bis bald

Euer Nico

Dieses Jahr aus Holland- Niederlande- Königreich der Könige

Brrrrrrrrrrrrrrrrrrr,Brrrrrrrrrrrrrrrr,Brrrrrrrrrrrrrrrr,,,,,
,,,,,,,,,,,,,,,,,,,,,,,